Denise HOERNER

BOUGIES DÉCORATIVES

en GEL TRANSPARENT

ou en PARAFFINE

Éditions Didier CARPENTIER

Chapitre 1

Les bougies en gel transparent

**Dans cette première partie,
nous vous proposons
de réaliser des modèles aux tons éclatants,
où la transparence de la lumière
est révélée par celle du gel, naturel ou coloré.**

**Les petits éléments inclus dans le gel,
transformeront de simples bougies
en véritables objets de décoration
et en merveilleux
cadeaux personnalisés.**

Généralités

◆ *Fournitures...*

- du gel transparent et des mèches paraffinées
- des colorants (*a*) en pastilles (spécial bougies)
- du papier pour protéger le plan de travail
- un réchaud ou une plaque de cuisson
- des casseroles ou des récipients en métal
- une cuillère en métal et un chiffon
- un pistolet à colle thermofusible
- des bâtonnets de colle thermofusible

a

◆ *...et accessoires*

- des récipients en verre transparent de formes diverses
- de la cire d'ornementation en poudre
- de la cire d'ornementation en feuilles
- des objets de décoration pour inclure dans les bougies
- de la paraffine pour confectionner les décors
- des piques à brochettes en bois

Comment procéder

◆ Pour une bougie transparente

Faites fondre, à feu moyen, la quantité de gel nécessaire, directement dans une casserole. Remuez doucement avec la cuillère en métal. Versez le gel directement dans le récipient en verre, par étapes successives, en le laissant un peu refroidir entre chaque étape.

◆ Pour une bougie colorée

Procédez de la même façon, mais ajoutez une miette de colorant dans le gel fondu. Mélangez bien et continuez de verser le mélange, par étapes successives, dans le récipient en verre (il existe toutefois des pots de gel déjà teinté).

Une fois que le gel est refroidi, mais pas totalement pris, placez la mèche.

Note : Vous pouvez ajouter une goutte de parfum liquide pour bougies avant de verser le mélange dans le récipient.

Attention : La plupart des modèles présentés contiennent des matériaux inflammables et ne doivent avoir qu'une fonction décorative. Pour des raisons de sécurité, les enfants devront être encadrés par un adulte.

Conseils et astuces

1

- Si le gel est complètement pris au moment d'insérer la mèche, posez une des ses extrémités sur la bougie et enfoncez-la d'un coup sec, à l'aide d'une pique à brochette. Retirez doucement la pique.

- Veillez à ne pas utiliser une quantité trop importante de colorant, les décors deviendraient invisibles.

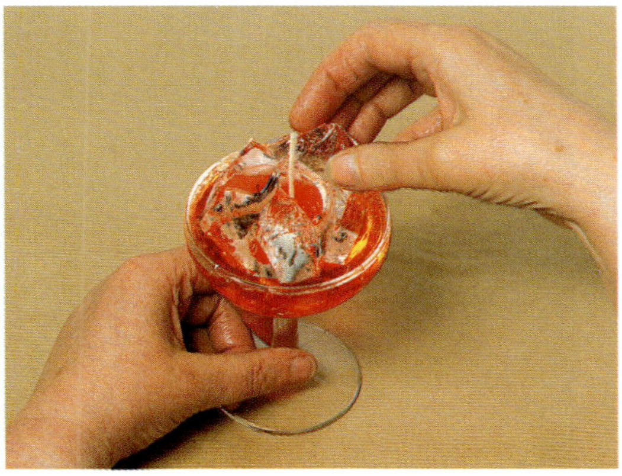

2

3

- Gardez les restes de gel coloré pour de prochaines utilisations. *Exemples :* petits dés pour la bougie « Arc-en-ciel » *(voir page 15)*, ou pour fabriquer des glaçons *(photos 1, 2 et 3)*.

1

2

- Collez, au préalable, les petits objets ronds à inclure, afin qu'ils ne remontent pas à la surface *(photos 1 et 2)*.

- Au moment de verser le gel dans le récipient en verre, commencez toujours par une petite quantité afin de permettre au verre de s'adapter à la chaleur.

- Ne remplissez jamais les récipients à ras bord. Laissez au moins 5 mm au dessus du niveau de remplissage.

Au moment de l'introduction de la mèche, il se peut que l'opération laisse une trace, versez alors 1 ou 2 mm de gel pour la cacher.

- Si, au final, une bougie ne vous plaît pas, il est toujours possible de la refondre après avoir ôté le décor.

- Choisissez des éléments de décoration assez petits. Ils paraîtront plus gros après inclusion, le gel faisant loupe.

Important : Utilisez toujours du gel tiède. En effet, les objets en plastique pourraient fondre ou se ramollir, les petits objets en bois pourraient gonfler ou se déformer et des petites bulles remonteraient à la surface.

Fêtes et traditions

Les bougies de Noël

- un verre à pied de 13 cm
- du gel transparent naturel
- des petits cailloux blancs
- deux bougies en bois peint (3 cm de hauteur)
- un galet blanc et plat
- des paillettes en forme d'étoile (rouges, dorées)
- une mèche paraffinée de 7 cm
- un pistolet à colle thermofusible

À l'aide du pistolet à colle, commencez par fixer les bougies sur le galet (une sur le dessus et l'autre devant), puis disposez l'ensemble au fond du verre. Ajoutez les petits cailloux tout autour et quelques paillettes, puis versez un peu de gel transparent encore tiède. Laissez refroidir et mettez de nouveau des paillettes. Continuez le remplissage du verre avec du gel transparent encore tiède. Terminez en insérant la mèche.

La coupe porte-bonheur

- un verre à pied de 16 cm
- du gel transparent naturel
- des fleurs de myosotis artificielles
- deux coccinelles miniatures en bois
- un papillon miniature
- une mèche paraffinée de 9 cm
- un pistolet à colle thermofusible

Faites fondre, à feu moyen, la quantité de gel nécessaire, directement dans une casserole. Versez-en un peu au fond du verre et laissez refroidir.
Disposez quelques fleurs de myosotis et recouvrez de nouveau avec du gel tiède. Remplissez ainsi le verre, en procédant par étapes et en laissant un temps de refroidissement entre chacune d'elles. Collez les coccinelles au pistolet à colle, sur les parois extérieures du verre et le papillon sur le bord. Terminez en insérant la mèche paraffinée.

Fêtes et traditions

La bougie de mariage

- une flûte à champagne de 21 cm
- du gel transparent naturel
- du gel transparent coloré (bleu)
- deux colombes miniatures en bois
- deux petits anneaux dorés (alliances)
- un petit cœur en métal
- une mèche paraffinée de 13 cm
- un pistolet à colle thermofusible

Coupez et placez des cubes de gel bleu non fondu au fond du verre *(voir p. 7)*. Enfoncez le petit cœur en métal et versez du gel transparent encore tiède jusqu'à la moitié du verre. Enfoncez ensuite une colombe et versez de nouveau du gel. Laissez refroidir et installez une autre colombe.
Continuez le remplissage du verre avec du gel transparent tiède.
Insérez la mèche et collez, au pistolet à colle, les alliances sur le pied du verre.

Les bonshommes de neige

- un verre à pied de 13 cm
- du gel transparent naturel
- des petits cailloux (bleus, blancs)
- deux bonshommes de neige en bois peint (3 cm de hauteur)
- un galet blanc et plat
- des paillettes en forme d'étoile (rouges, dorées)
- de la cire en poudre blanche (neige)
- un feutre blanc pour tous supports
- une mèche paraffinée de 8 cm
- un pistolet à colle thermofusible

À l'aide du pistolet à colle, commencez par fixer les personnages sur le galet (un sur le dessus et l'autre sur le devant), puis disposez l'ensemble au fond du verre. Ajoutez les petits cailloux et quelques paillettes, puis versez un peu de gel transparent encore tiède. Laissez refroidir et mettez de nouveau des paillettes. Continuez le remplissage du verre avec du gel transparent encore tiède. Terminez en saupoudrant avec de la cire en poudre sur le dessus, ainsi que sur le pourtour du verre et insérez la mèche paraffinée. Décorez l'extérieur du verre en marquant des petits flocons de neige au feutre blanc.

La crèche de Noël

- un verre à eau de 8 cm
- du gel transparent naturel
- du gel transparent coloré (bleu)
- un galet plat
- une crèche miniature (4 cm de hauteur)
- des brins de paille coupés en morceaux
- des paillettes multicolores en forme d'étoile
- une mèche paraffinée de 6 cm
- un pistolet à colle thermofusible

À l'aide du pistolet à colle, commencez par fixer les personnages de la crèche sur le galet, puis disposez l'ensemble au fond du verre sur les brins de paille qui doivent être également collés afin qu'ils ne remontent pas à la surface. Coupez et positionnez un gros dé de gel bleu non fondu derrière les personnages *(voir page 7)*. Saupoudrez de quelques paillettes et versez le gel transparent encore tiède jusqu'au 3/4 du verre. Laissez refroidir et saupoudrez de nouveau de paillettes. Continuez le remplissage du verre avec du gel transparent tiède. Terminez en insérant la mèche paraffinée.

Les bougies de

- une flûte à champagne de 18 cm
- du gel transparent naturel
- un petit pain en pâte à sel vernie
- une colombe miniature
- un calice doré et un feutre doré
- une mèche paraffinée de 6 cm

Dessinez les initiales du communiant au feutre doré sur l'extérieur du verre. Glissez le petit pain et le calice au fond du verre et versez du gel transparent encore tiède jusqu'à la moitié. Laissez refroidir et positionnez la colombe, puis continuez le remplissage du verre avec du gel transparent toujours tiède. Terminez en insérant la mèche.

communion

- *un verre à pied de 17 cm*
- *du gel transparent naturel*
- *une image pieuse*
- *une croix dorée*
- *une mèche paraffinée de 6 cm*
- *un pistolet à colle thermofusible*

Découpez l'image et collez-la sur les parois intérieures du verre. Glissez la croix et versez du gel transparent encore tiède jusqu'à la moitié du verre. Laissez refroidir, puis continuez le remplissage du verre avec du gel transparent toujours tiède. Terminez en introduisant la mèche paraffinée dans le gel.

Fêtes et traditions

La petite fleur

- *un petit verre de 7 cm*
- *du gel transparent naturel*
- *une fleur artificielle*
- *une mèche paraffinée de 4 cm*
- *un pistolet à colle thermofusible*

À l'aide du pistolet à colle, fixez la fleur au fond du verre, puis versez du gel transparent encore tiède en procédant par étapes. Terminez en insérant la mèche.

La fleur de Noël

- *un verre à pied de 16 cm*
- *du gel transparent naturel*
- *des petits cailloux (verts, blancs)*
- *une fleur de poinsettia artificielle de Ø 5 cm*
- *des perles dorées de Ø 0,4 cm*
- *une mèche paraffinée de 5 cm*
- *un pistolet à colle thermofusible*

Disposez des petits cailloux verts et blancs au fond du verre, et à l'aide du pistolet à colle, fixez la fleur au-dessus. Versez un peu de gel transparent tiède et déposez les perles.
Laissez refroidir, puis continuez le remplissage du verre avec du gel transparent toujours tiède. Terminez en insérant la mèche paraffinée.

Les petits rennes

- *une chope en verre de 8 cm*
- *du gel transparent naturel*
- *un galet blanc plat*
- *deux rennes et trois sapins dorés miniatures (décorations pour bûches de Noël)*
- *des petits cailloux (verts, blancs)*
- *une mèche paraffinée de 4 cm*
- *un pistolet à colle thermofusible*

À l'aide du pistolet à colle, collez les deux petits rennes ainsi que les sapins dorés sur le galet. Disposez l'ensemble au fond de la chope. Ajoutez des cailloux verts et des cailloux blancs, puis versez du gel transparent encore tiède en procédant par étapes. Terminez en introduisant la mèche paraffinée.

Fêtes pour les enfants

Les fantômes d'Halloween

- *une flûte à champagne de 19 cm*
- *du gel transparent coloré (orange clair)*
- *du gel transparent naturel (glaçons)*
- *une coloquinte miniature (12 cm de hauteur)*
- *deux boules de cellulose de Ø 2 cm*
- *du ruban de mousseline blanc et du fil blanc*
- *deux feutres pour tous supports (noir, blanc)*
- *deux piques à brochettes*
- *deux paillettes rouges en forme de cœur*
- *des petites araignées en plastique*
- *une mèche paraffinée de 10 cm*
- *un pistolet à colle thermofusible*

À l'aide des feutres, commencez par dessiner les traits du visage sur la coloquinte et collez-la au fond du verre. Versez du gel orange clair tiède et remplissez la moitié du verre. Piquez les boules de cellulose aux extrémités des piques à brochettes. Habillez-les de ruban, en resserrant la base avec le fil blanc. Positionnez-les au fond du verre. Continuez le remplissage du verre avec du gel orange clair tiède en procédant par étapes et en incluant les petites araignées. Coupez et positionnez des dés de gel transparent sur le dessus. Insérez la mèche et collez des araignées.

Les citrouilles d'Halloween

Elles sont réalisées exactement de la même manière que le modèle «Les fantômes d'Halloween».

Le petit footballeur

- *un verre de 14 cm*
- *du gel transparent naturel*
- *une figurine en résine de 7 cm (footballeur)*
- *une pique à brochette en bois de 20 cm (drapeau)*
- *un morceau de ruban bleu, blanc, rouge (drapeau)*
- *des petits cailloux (verts, bleus)*
- *une mèche paraffinée de 10 cm*
- *un pistolet à colle thermofusible*

Commencez par déposer, au fond du verre, une couche de petits cailloux bleus, puis versez un peu de gel transparent tiède. Déposez ensuite une couche plus épaisse de petits cailloux verts et versez de nouveau du gel tiède. Positionnez le petit footballeur et la pique à brochette, puis continuez le remplissage du verre en procédant par étapes. Collez le ruban, à l'extrémité de la pique à brochette, au pistolet à colle. Terminez en insérant la mèche paraffinée.

La bougie «Pierrot»

- *une flûte à champagne de 18 cm*
- *du gel transparent naturel*
- *un soleil en bois de Ø 0,6 cm*
- *un croissant de lune et deux petits soleils en bois*
- *deux piques à brochettes*
- *deux pierrots en perles*
- *une mèche paraffinée de 10 cm*
- *un pistolet à colle thermofusible*

Enfilez les deux pierrots à l'extrémité des piques à brochettes. Collez les miniatures. Posez le soleil dans le verre et remplissez de gel transparent tiède en procédant par étapes. Positionnez les piques à brochettes. Insérez la mèche et décorez avec des glaçons découpés dans du gel transparent refroidi.

La bougie sportive

- *un verre de 15 cm*
- *du gel transparent naturel*
- *des boutons de formes différentes et 5 boutons «Alphabet»*
- *une mèche paraffinée de 10 cm*

Versez du gel tiède au fond du verre et positionnez un bouton. Versez de nouveau du gel tiède et positionnez un autre bouton. Procédez ainsi, étape par étape, en terminant par les boutons «Alphabet». Insérez la mèche et décorez avec des glaçons découpés dans du gel transparent refroidi.

L'aquarium

- *un verre de 8,5 cm*
- *du gel transparent naturel*
- *du gel transparent coloré (bleu, vert, orange)*
- *trois poissons miniatures en bois de 2 cm*
- *des petits cailloux blancs*
- *une mèche paraffinée de 8 cm*

Commencez par déposer, au fond du verre, une couche de petits cailloux blancs, puis versez un peu de gel transparent tiède. Déposez ensuite des cubes de gel de couleurs différentes. Positionnez les poissons, puis continuez le remplissage du verre en procédant par étapes. Terminez en insérant la mèche paraffinée.

La bougie école

- *une flûte à champagne de 18 cm*
- *du gel transparent naturel*
- *des boutons de formes différentes*
- *du fil de fer très fin*
- *une mèche paraffinée de 10 cm*

Enfilez tous les boutons sur le fil de fer. Versez du gel tiède. Placez une extrémité du fil au fond du verre. Versez de nouveau du gel tiède et continuez ainsi en tournant le fil. Terminez en insérant la mèche.

PORT

Les bougies cocktails

Cocktail à l'orange

- un verre de 14,5 cm
- du gel transparent coloré (jaune clair)
- du gel transparent naturel
- deux rondelles d'orange séchée
- trois petites feuilles artificielles
- une mèche paraffinée de 10 cm
- un pistolet à colle thermofusible

Versez un peu de gel transparent dans le fond du verre (environ 3 cm). Laissez refroidir. Coupez une rondelle d'orange en quatre et enfoncez les quarts dans le gel. Versez ensuite le gel coloré, en procédant par étapes. Fendez la deuxième rondelle d'orange et fixez-la au bord du verre. Collez les petites feuilles. Terminez en insérant la mèche paraffinée et décorez avec des glaçons découpés dans du gel transparent refroidi.

Jus de tomates

- un verre de 14 cm
- du gel transparent coloré (rouge)
- trois cuillerées de paraffine
- du gel transparent naturel (glaçons)
- une tomate miniature
- une paille
- une mèche paraffinée de 10 cm
- un pistolet à colle thermofusible

Faites fondre la paraffine dans une casserole et le gel coloré dans une autre. Versez le gel coloré dans la paraffine fondue et mélangez bien. Versez doucement dans le verre et laissez refroidir. Terminez en insérant la mèche et la paille. Décorez avec des glaçons et collez la tomate sur le bord du verre.

Arc-en-ciel

- un verre à cocktail de 20 cm
- du gel transparent coloré (jaune, orange, vert, bleu)
- du gel transparent naturel
- une mèche paraffinée de 10 cm

Préparez des cubes de toutes les couleurs, dans les différents gels colorés. Déposez un cube jaune au fond du verre. Versez dessus du gel transparent naturel tiède. Laissez refroidir et déposez un cube orange. Versez de nouveau du gel transparent naturel tiède. Continuez ainsi, en procédant par étapes, et en déposant des cubes de couleurs différentes. Terminez en introduisant la mèche paraffinée.

Lait fraise

- un verre de 15 cm
- du gel transparent coloré (violet)
- trois cuillerées de paraffine
- du gel transparent naturel (glaçons)
- une fraise artificielle
- une paille
- une mèche paraffinée de 10 cm
- un pistolet à colle thermofusible

La réalisation est identique à celle du modèle, ci-dessus, «Jus de tomate». Collez la fraise sur le bord du verre.

Cocktail glacé

- un verre à cocktail de 18 cm
- du gel transparent coloré (bleu, jaune)
- du gel transparent naturel (glaçons)
- une paille
- une mèche paraffinée de 16 cm

Versez un peu de gel bleu au fond du verre et laissez refroidir. Continuez en versant un peu de gel jaune et laissez refroidir. Répétez ces opérations, en procédant par étapes, jusqu'en haut du verre et en terminant par du gel bleu. Terminez en insérant la mèche et décorez en plaçant quelques glaçons découpés dans du gel transparent naturel, refroidi. Insérez la paille, lorsque la bougie est complètement froide.

La sangria

- un verre à pied de 13 cm
- du gel transparent coloré (rouge)
- du gel transparent naturel (glaçons)
- deux rondelles d'orange séchée
- de la cire en poudre blanche
- une grappe de raisin miniature
- une mèche paraffinée de 5 cm

Versez un peu de gel coloré dans le fond du verre. Laissez refroidir. Enfoncez une rondelle d'orange et versez du gel en procédant par étapes. Enfoncez la deuxième rondelle d'orange et versez de nouveau du gel. Terminez en insérant la mèche, puis décorez avec des glaçons découpés dans du gel transparent refroidi. Collez la grappe de raisin sur le bord du verre et saupoudrez de cire en poudre blanche.

Les bougies cocktails

La bière

- une chope transparente de 10 cm
- du gel transparent coloré (jaune foncé)
- de la poudre de cire blanche
- une mèche paraffinée de 8 cm

Versez le gel jaune foncé jusqu'à environ 3 cm du bord et laissez-le complètement refroidir avant de mettre la poudre de cire blanche. Terminez en insérant la mèche.

Bahia

- un verre de 15 cm
- du gel transparent coloré (jaune foncé, rouge, vert, orange)
- des baies d'oranges miniatures
- une petite ombrelle (décoration)
- une mèche paraffinée de 10 cm
- de la cire en poudre blanche
- un bac à glaçons (1/2 boules)

Dans le bac à glaçons, versez du gel coloré de toutes les couleurs, pour confectionner des 1/2 boules qui représenteront les fruits. Versez du gel jaune foncé dans le verre jusqu'au 1/3 de sa hauteur. Disposez quelques baies d'oranges. Laissez refroidir et versez de nouveau, en procédant par étapes, jusqu'au remplissage du verre. Terminez en insérant la mèche paraffinée. Après refroidissement complet, saupoudrez de cire en poudre et décorez avec les fruits et l'ombrelle.

Fruits de la passion

- un verre de 15 cm
- du gel transparent coloré (orange)
- du gel transparent naturel
- une rondelle d'orange séchée
- trois petites feuilles artificielles
- une mèche paraffinée de 10 cm

Préparez des cubes orange. Déposez un cube au fond du verre. Versez du gel transparent naturel tiède. Laissez refroidir et déposez un autre cube orange. Versez de nouveau du gel transparent naturel tiède. Continuez ainsi, en procédant par étapes. Fendez la deuxième rondelle d'orange et fixez-la au bord du verre. Collez les petites feuilles. Terminez en insérant la mèche et posez des glaçons sur le dessus, découpés dans du gel transparent naturel refroidi.

Champagne

- une flûte à champagne de 19 cm
- du gel transparent coloré (jaune clair, vert)
- 20 perles dorées de Ø 3 mm (bulles)
- 2 m de fil de cuivre fin
- une mèche paraffinée de 10 cm

Enfilez les perles sur le fil de cuivre et faites un nœud à chaque extrémité. Tortillez le fil sur 1 cm, tous les 10 cm, de façon à former des petites tiges pour bloquer les perles.
Versez un peu de gel jaune clair dans le verre et placez le fil en le tournant. Continuez en versant, par étapes, le gel vert puis le jaune, toujours en tournant le fil et en laissant refroidir entre chaque couche. Coupez le fil de cuivre au ras de la dernière couche refroidie.
Terminez en insérant la mèche paraffinée.

Cocktail Océan

- un verre à pied de 18 cm
- du gel transparent coloré (bleu)
- du gel transparent naturel
- des petits cailloux (blancs, bleus)
- cinq dauphins en métal fin (bleu, argent)
- une mèche paraffinée de 10 cm

Disposez quelques petits cailloux au fond du verre. Déposez dessus un cube de gel coloré bleu refroidi. Versez un peu de gel transparent tiède.
Placez un dauphin et versez de nouveau du gel transparent également tiède, le gel trop chaud déformerait les dauphins ! Laissez refroidir et enfoncez un autre dauphin. Continuez le remplissage du verre en procédant par étapes, jusqu'à 1 cm du bord du verre. Terminez en insérant la mèche. Décorez enfin avec les trois dauphins restants et quelques glaçons découpés dans du gel transparent, refroidi.

Malaga

- un verre à pied de 13 cm
- du gel transparent coloré (rouge)
- du gel transparent naturel (glaçons)
- deux rondelles d'orange séchée
- trois petites feuilles artificielles
- de la cire en poudre blanche
- une paille
- une mèche paraffinée de 5 cm

Versez un peu de gel coloré dans le fond du verre. Laissez refroidir. Coupez une rondelle d'orange en morceaux et positionnez-les en versant le reste de gel et en procédant par étapes. Disposez un peu de cire en poudre blanche sur le pourtour du verre. Fendez la deuxième rondelle d'orange et fixez-la au bord du verre. Collez les petites feuilles. Terminez en insérant la mèche paraffinée et la paille, puis décorez avec des glaçons découpés dans du gel transparent refroidi.

Les tartelettes…

…à la compote

- un fond de tartelette en pâte à sel vernie de Ø10 cm
- du gel transparent coloré (orange foncé)
- de la cire en poudre (brune)
- de la cire en feuille (jaune d'or)
- une mèche paraffinée de 3 cm

Remplissez le fond de tarte avec du gel orange foncé. Insérez la mèche. Après refroidissement complet, coupez des lamelles de 0,5 cm dans la feuille de cire et placez-les sur la tartelette en formant des petits losanges. Saupoudrez de cire en poudre.

…au caramel

- un fond de tartelette en pâte à sel vernie de Ø 10 cm
- du gel transparent coloré (orange, café)
- une mèche paraffinée de 3 cm

Remplissez le fond de tarte avec du gel orange. Insérez la mèche et laissez bien refroidir. Faites fondre le gel de couleur café et lorsqu'il commence à prendre, c'est-à-dire lorsqu'il est tiède et maléable, prenez-le entre vos doigts et déposez-le en filets sur le dessus de la tartelette.

…à l'orange

- un fond de tartelette en pâte à sel vernie de Ø 10 cm
- du gel transparent coloré (orange)
- de la cire en poudre (blanche)
- une mèche paraffinée de 3 cm

Remplissez le fond de tarte avec du gel orange. Introduisez la mèche paraffinée dans le gel. Après refroidissement complet, saupoudrez de cire en poudre.

…aux amandes grillées

- un fond de tartelette en pâte à sel vernie de Ø10 cm
- du gel transparent coloré (jaune)
- des amandes effilées
- une mèche paraffinée de 3 cm

Commencez par faire griller les amandes effilées dans une poêle. Disposez-en une partie dans le fond de tarte. Remplissez ensuite avec du gel jaune. Insérez la mèche. Après refroidissement complet, décorez avec les amandes restantes.

…aux cerises

- un fond de tartelette en pâte à sel vernie de Ø10 cm
- du gel transparent coloré (orange)
- des petites cerises artificielles
- une mèche paraffinée de 3 cm

Disposez les petites cerises dans le fond de tarte, puis versez le gel orangé. Terminez en insérant la mèche.

…aux framboises

- un fond de tartelette en pâte à sel vernie de Ø10 cm
- du gel transparent coloré (rouge)
- de la cire en poudre (blanche)
- une mèche paraffinée de 3 cm

Remplissez le fond de tartelette avec du gel rouge. Introduisez la mèche et saupoudrez de cire en poudre après complet refroidissement.

Les entremets

Crème de marrons

- un verre à cognac
- du gel transparent coloré (marron)
- deux marrons
- de la cire en poudre blanche
- une petite cuillère
- une mèche paraffinée de 10 cm

Versez du gel marron jusqu'au tiers du verre et laissez refroidir. Placez les marrons et saupoudrez de cire en poudre blanche. Insérez la mèche paraffinée et la petite cuillère.

La poire Belle Hélène

- un verre de 15 cm
- du gel transparent coloré (marron)
- un bâton de cannelle
- une poire miniature (environ 5 cm)
- de la cire en poudre blanche
- un bac à glaçons (boules)
- une mèche paraffinée de 10 cm

Faites fondre le gel marron et moulez une boule dans le bac à glaçons. Laissez-la refroidir.
Versez, dans le verre, de la cire en poudre blanche jusqu'au tiers. Versez ensuite une couche de gel tiède marron et laissez refroidir. Mettez de nouveau une couche de cire en poudre blanche. Répétez deux fois cette opération et remplissez le reste du verre avec de la cire en poudre blanche.
Insérez la mèche paraffinée. Posez la poire et la boule marron sur la bougie. Versez un peu de gel marron encore tiède sur le dessus. Plantez le bâton de cannelle et saupoudrez d'un peu de cire en poudre blanche.

Entremet aux deux chocolats

- une coupe à glace
- du gel transparent naturel
- du gel transparent coloré (marron)
- de la paraffine
- un petit gâteau en pâte à sel vernie ou en plâtre peint
- un morceau de plastique transparent assez rigide
- une mèche paraffinée de 4 cm

Découpez le morceau de plastique transparent de la même longueur que le diamètre de la coupe à glace, pour former une cloison.
Elle doit toutefois dépasser en hauteur de manière à pouvoir la retirer une fois la bougie terminée.
Placez ce morceau de plastique au milieu du verre et coulez le gel marron d'un côté. Dans un récipient en métal, faites fondre trois cuillères à soupe de paraffine mélangée avec du gel transparent. Versez ce mélange dans la partie libre du verre et laissez refroidir. Ôtez le morceau de plastique et versez de nouveau, sur le dessus, un peu de gel transparent tiède. Enfoncez la mèche et le petit gâteau avant complet refroidissement.

Entremet à la pistache

- une coupe à glace
- du gel transparent coloré (vert)
- de la cire en poudre verte
- des pistaches
- une mèche paraffinée de 4 cm
- un pistolet à colle thermofusible

Versez du gel vert tiède jusqu'à 0,5 cm du bord de la coupe.
Laissez refroidir et insérez la mèche.
Saupoudrez de cire en poudre verte.
Éparpillez quelques pistaches râpées et d'autres, entières, sur le dessus du verre. Collez une pistache sur le bord du verre et une sur le pied.

Entremet à la pêche

- une coupe à glace
- du gel transparent coloré (orange)
- deux noisettes râpées
- une demi-pêche artificielle
- une feuille artificielle
- une mèche paraffinée de 4 cm

Versez le gel orange jusqu'à 1 cm du bord du verre et laissez refroidir.
Éparpillez les noisettes râpées.
Enfoncez la mèche et décorez avec la demi-pêche et la feuille, avant complet refroidissement.

Cappuccino

- une tasse à café
- du gel transparent coloré (marron)
- de la paraffine
- du cacao en poudre
- une cuillère à moka
- une mèche paraffinée de 5 cm

Faites fondre le gel marron.
Vous pouvez également l'obtenir en mélangeant, en quantités égales, du gel coloré bleu, du rouge et du vert.
Versez le gel dans la tasse jusqu'à 1 cm du bord et laissez refroidir. Dans un autre récipient en métal, faites fondre la paraffine (si vous utilisez une casserole, réservez-la uniquement à cet usage car la paraffine est assez difficile à nettoyer). À l'aide d'un batteur électrique, battez la paraffine, directement dans son récipient, pendant environ une minute. Une fois que vous avez obtenu une sorte de neige, déposez-la immédiatement sur le gel marron et insérez la mèche sans attendre sinon la paraffine deviendrait trop dure. Laissez refroidir et saupoudrez de cacao en poudre. Décorez avec la petite cuillère.

Café liégeois

Il est réalisé, dans un verre de 15 cm, exactement de la même manière que le « Cappuccino ».

Clins d'œil

La tirelire

- *un vase de 20 cm et de Ø 4 cm*
- *du gel transparent naturel*
- *des pièces de monnaie*
- *des billets de banque miniatures*
- *une mèche paraffinée de 6 cm*

Versez une couche de gel, disposez un billet miniature et laissez un peu tiédir. Recommencez ainsi l'opération en procédant, par étapes, jusqu'au remplissage du verre. Glissez les pièces de monnaie dans le gel encore chaud, elles descendront vers le fond. Terminez en insérant la mèche paraffinée.

La dernière cigarette

- *un verre à pied de 13 cm*
- *du gel transparent naturel*
- *du colorant rouge*
- *une pique à brochette*
- *un mégot de cigarette*
- *un morceau de plastique transparent assez rigide*
- *un feutre noir indélébile*
- *une mèche paraffinée de 8 cm*
- *un pistolet à colle thermofusible*

Sur le morceau de plastique, écrivez au feutre indélébile: «*C'est la dernière*». Versez un peu de gel transparent au fond du verre. Collez le mégot contre la paroi pour éviter qu'il ne remonte à la surface. Versez de nouveau du gel jusqu'à 3 cm du bord. Plantez la pointe de la pique à brochette dans le colorant rouge. Enfoncez-la dans la bougie au niveau de l'extrémité du mégot et tournez-la un peu pour diffuser la couleur et obtenir un petit nuage rouge. Enfoncez le morceau de plastique et terminez le remplissage du verre. Insérez la mèche paraffinée.

avec photos ?

Épices et liqueurs

Couleurs d'automne

- un verre à pied de 17 cm
- du gel transparent naturel
- sept noisettes
- des feuilles artificielles
- une mèche paraffinée de 8 cm

Versez un peu de gel transparent tiède au fond du verre. Laissez refroidir et déposez une noisette. Versez de nouveau un peu de gel, laissez refroidir et mettez une feuille. Continuez ainsi, par étapes, avec un nouvel élément de décor jusqu'en haut du verre. Terminez en insérant la mèche paraffinée.

Griottes au kirsch

- un verre à cognac
- du gel transparent naturel
- des cerises artificielles
- des feuilles artificielles
- une mèche paraffinée de 8 cm
- un pistolet à colle thermofusible

Collez deux cerises au fond du verre. Versez un peu de gel transparent tiède de manière à les recouvrir. Collez de nouveau deux autres cerises et versez du gel tiède. Laissez refroidir. Continuez ainsi en procédant par étapes. Introduisez la mèche. Décorez éventuellement en collant deux cerises avec leurs feuilles sur le bord du verre.

Route des épices

- un verre facetté de 14 cm
- du gel transparent naturel
- deux bâtons de cannelle
- trois fleurs d'anis
- deux petits piments
- quelques clous de girofles
- quelques grains de poivre
- une mèche paraffinée de 12 cm

Versez un peu de gel transparent tiède au fond du verre. Laissez refroidir et enfoncez un bâton de cannelle. Versez de nouveau un peu de gel, laissez refroidir et mettez une étoile d'anis. Continuez ainsi, par étapes, avec un nouvel élément de décor jusqu'en haut du verre. Terminez en insérant la mèche.

Poire William

- un verre à cognac
- du gel transparent naturel
- une demi-poire artificielle
- une poire miniature
- une mèche paraffinée de 8 cm
- un pistolet à colle thermofusible

Collez la demi-poire au fond du verre. Versez un peu de gel transparent tiède au fond du verre. Collez la poire miniature légèrement contre le verre afin qu'elle ne remonte pas. Versez le reste de gel jusqu'à 1 cm du bord. Laissez refroidir et insérez la mèche paraffinée.

Chapitre 2

Les bougies en paraffine

Le charme rustique des bougies n'a pas fini de nous émouvoir.

Dans cette deuxième partie, nous vous expliquerons comment retrouver les gestes d'antan où simplicité et naturel étaient de rigueur.

Les couleurs douces et subtiles générées par la texture sensuelle de la cire vous aideront à éclairer un décor des plus banals.

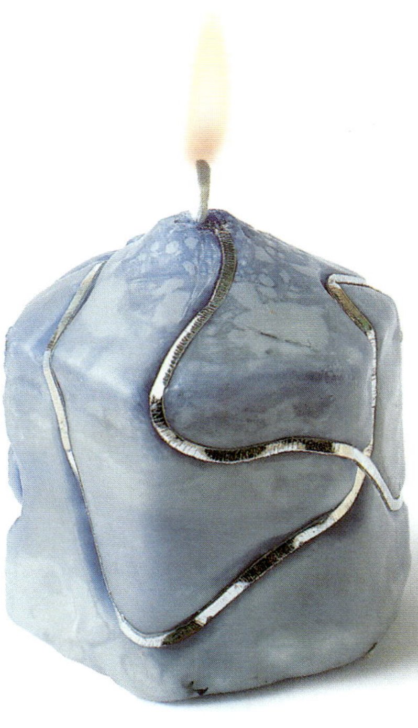

Généralités

◆ *Fournitures*

- de la paraffine et des mèches paraffinées
- un réchaud (ou une plaque de cuisson)
- des moules pour bougies de formes diverses
- des casseroles (ou des récipients en métal)
- du papier pour protéger le plan de travail
- un chiffon
- des colorants en pastilles (spécial bougies)
- une cuillère à confiture
- un couteau
- un épluche-légumes
- un batteur électrique avec des fouets
- un pistolet à colle thermofusible
- des bâtonnets de colle thermofusible
- une règle de découpe en métal
- un cutter
- du ruban adhésif

◆ La paraffine

C'est une cire blanche qui fond à feu doux. Prévoyez un récipient en métal muni d'un bec verseur. Elle se teinte avec des colorants pour bougies directement dans le récipient.

Vous devez utiliser très peu de colorant, car la paraffine prend une couleur plus foncée en refroidissant.

Protégez votre plaque de cuisson et votre plan de travail avec du papier d'aluminium.

◆ Les formes de moules les plus utilisées

Il existe des moules spéciaux pour bougies, en plastique blanc ou transparent, de toutes les formes (ronds, coniques, en forme d'étoile, hexagonales, etc.).

Les moules transparents sont les plus pratiques pour confectionner les bougies de différentes couleurs.

Vous pouvez utiliser de jolis pots en verre si vous ne les démoulez pas.

Les moules pour bougies ont, en général, un petit trou pour faire passer la mèche.

D'autres récipients peuvent faire office de moules (des pots de yaourts par exemple), dans ce cas la mèche sera en haut.

En refroidissant, la cire forme un creux à la surface, il vous faudra donc ajouter de la cire.

Comment procéder

◆ Pour faire tenir la mèche

Il convient d'utiliser une mèche paraffinée.

Première manière

Faites-la passer par le trou prévu au fond du moule *(photo 1)*. Fixez-la à l'aide d'un morceau de ruban adhésif *(photo 2)*. Retournez le moule, tendez un peu la mèche et passez une pique en métal au travers de celle-ci *(photo 3)*.

Deuxième manière

Mettez la mèche dans le moule, elle doit toucher le fond. Maintenez-la en la pinçant entre deux piques à brochettes en bois. Posez-les horizontalement sur les bords du moule en les maintenant avec du ruban adhésif *(photo 4)*.

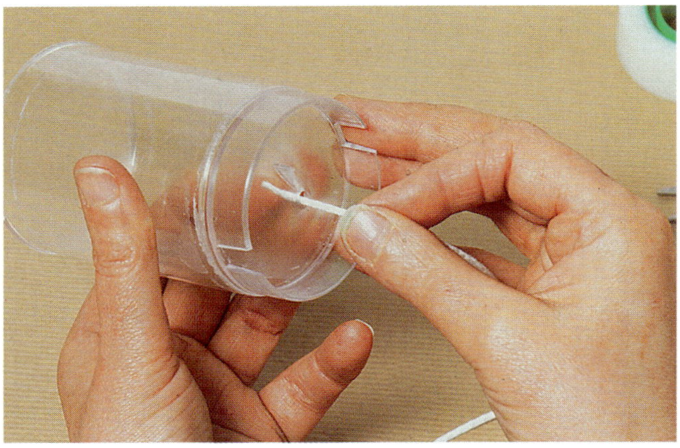
1

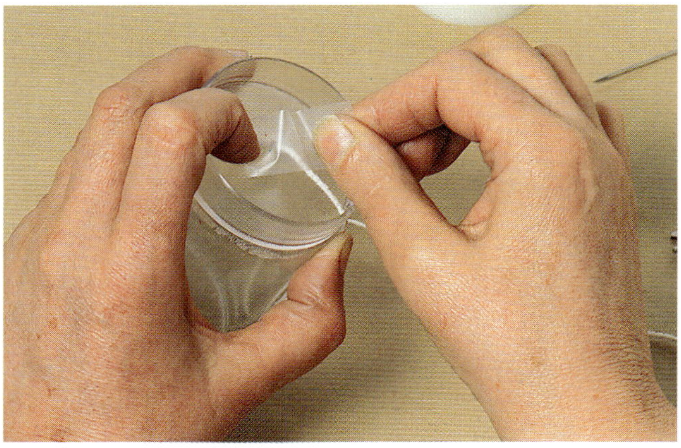
2

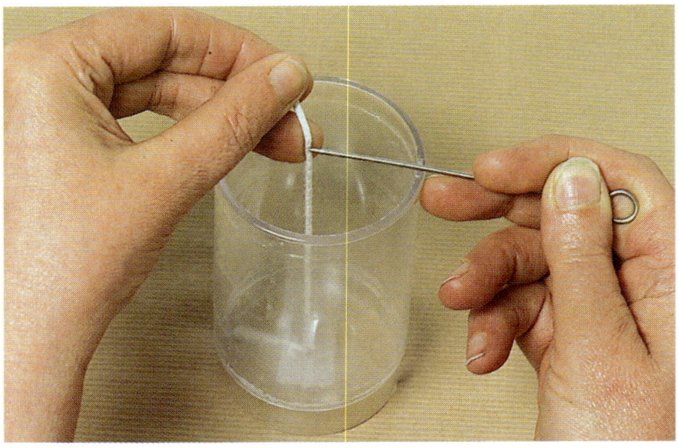
3

4

5

◆ Pour faire une bougie

Après avoir préparé la mèche dans le moule, faites fondre la cire à feu doux dans un récipient en métal. Colorez-la si vous le désirez. Laissez-la un peu refroidir. Prélevez et versez l'équivalent d'une cuillère à soupe de cette cire dans le fond du moule *(photo 5)*.

Attendez qu'elle durcisse un peu. Versez ensuite le reste de cire et laissez refroidir. Après refroidissement complet, un creux se forme à la surface. Versez, de nouveau, un peu de cire pour égaliser. Attendez environ 5 heures avant de démouler *(photo 6)*.

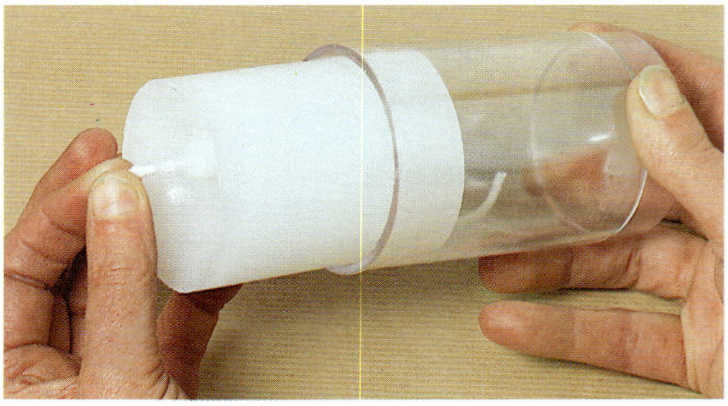
6

Astuce

◆ Comment faire «une chantilly»

Faites fondre la cire et laissez-la un peu refroidir.
Lorsqu'elle forme une pellicule blanche,
fouettez-la au batteur électrique *(photos 7 et 8)*.
Attention, la cire battue double de volume.
Assurez-vous que le récipient utilisé est assez grand.
Plus vous battez la cire, plus elle devient blanche.
Une cire colorée battue en chantilly deviendra plus claire.
La cire battue peut être fondue de nouveau et réutilisée.

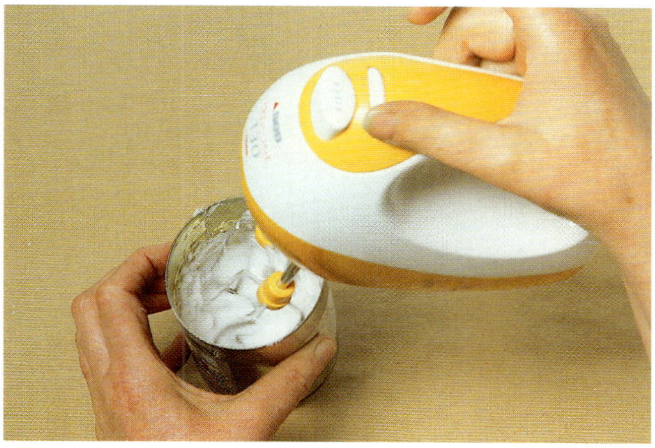

7

8

Conseils

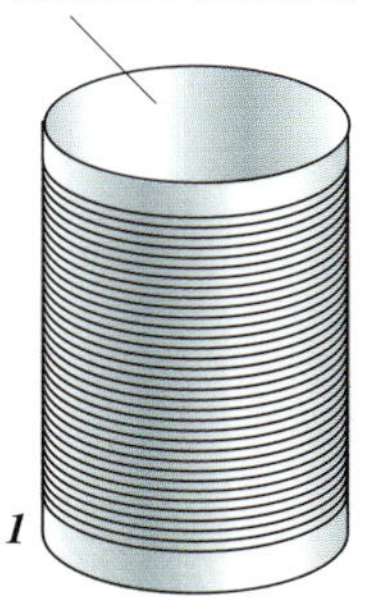

Fig. 1

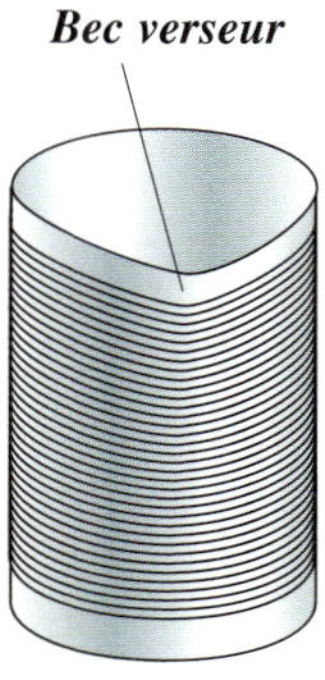

Fig. 2

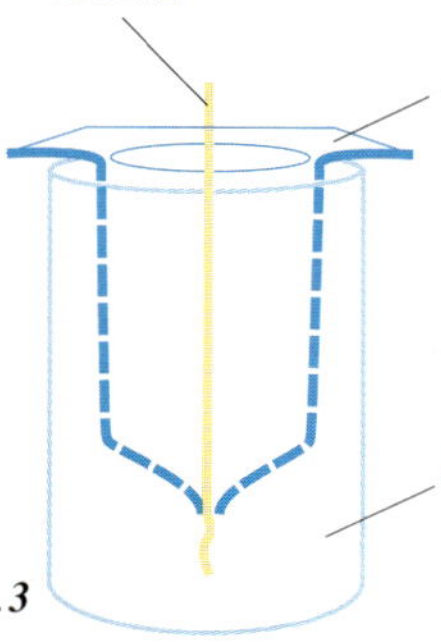

Fig. 3

- Si vous utilisez un pot de yaourt, vous pouvez insérer la mèche dans la bougie démoulée en chauffant une aiguille à tricoter (n° 2) et en la plantant dans la bougie.
  Retirez l'aiguille, puis introduisez la mèche.
- Pour faciliter le démoulage, vous pouvez laisser la mèche dépasser du moule et tirer dessus une fois la cire prise.
- Les récipients utilisés pour faire la cire sont difficiles à nettoyer. Aussi, nous vous conseillons de garder vos boîtes de conserve en fer blanc *(fig. 1)*.
  Formez un bec verseur en appuyant sur le bord supérieur *(fig. 2)*.
  Vous pourrez les poser directement sur le réchaud et les jeter après usage.
- L'orifice pour le passage de la mèche est un peu grand sur certains moules.
  Comblez-le avec de la cire à modeler afin que la cire ne s'écoule pas.
- Pour réaliser une bougie de plusieurs couleurs, superposez les couches de cire par étapes, en laissant un temps de refroidissement entre chacune d'elles.
- Si vous utilisez des moules qui ne tiennent pas debout, vous pouvez les faire tenir dans un récipient plus haut en les posant sur le bord *(fig. 3)*.

La décoration

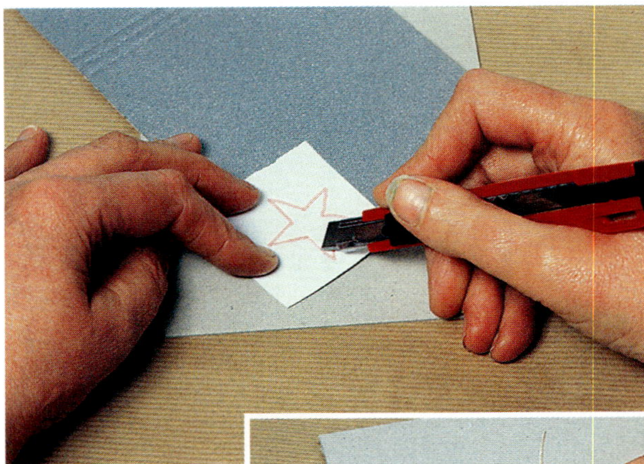

1

2

◆ *Accessoires*

- de la cire d'ornementation en poudre
- de la cire d'ornementation en feuilles
- de la cire à modeler
- des bandes de cire
- des objets de décoration (pour inclure dans les bougies)
- des piques à brochettes en bois
- une plaque de découpe
- du papier calque
- du vernis pour bougies
- un feutre blanc pour tous supports
- une aiguille à tricoter n°2
- des motifs à découper (serviettes en papier)

◆ La cire d'ornementation en feuilles

Les feuilles de cire sont fabriquées à partir d'un mélange de cire tendre et modelable. Elles sont teintes avec des pigments résistant à la lumière et leur épaisseur ne dépasse pas 1 mm. Elles sont conditionnées en boîtes d'environ 20 coloris assortis ou de couleur unique.
Elles se découpent facilement avec une paire de ciseaux, un cutter ou un emporte-pièces, après avoir ôté le papier de protection *(photo1)*. Elles adhèrent facilement sur les bougies, le plastique et le verre.
Il suffit de les poser à l'endroit désiré et d'exercer une légère pression avec les doigts *(photo 2)*.
Les chutes peuvent être modelées pour former des petits sujets (coccinelle, grains de café, fleurs, etc.).
On trouve également, dans le commerce, des feuilles de cire à motifs de petits carreaux ou de marbrures.

◆ La cire à modeler en bâtonnets

Elle s'utilise pour modeler des figurines ou des éléments plus importants que ceux confectionnés avec la cire en feuilles.

Avec vos restes de bougies

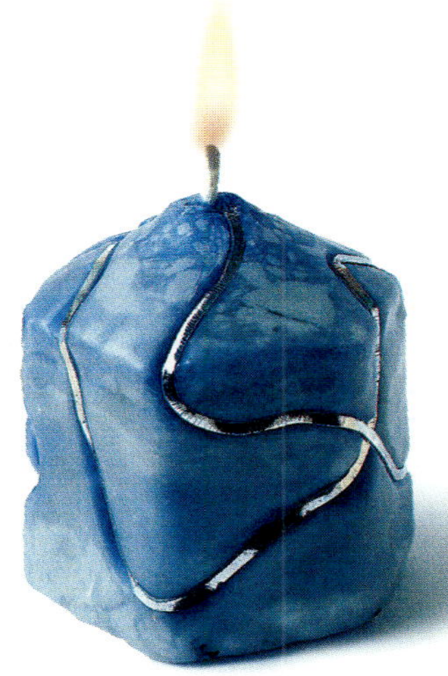

◆ Les bandes de cire pour décorations

Elles existent en doré et en argenté. Elles se présentent sous la forme d'un filet très fin qu'il suffit simplement de décoller du support et de poser avec les doigts en exerçant une légère pression *(photo ci-dessous)*.
On les trouve aussi avec des motifs fantaisie (dentelle, houx, feuilles, etc.)

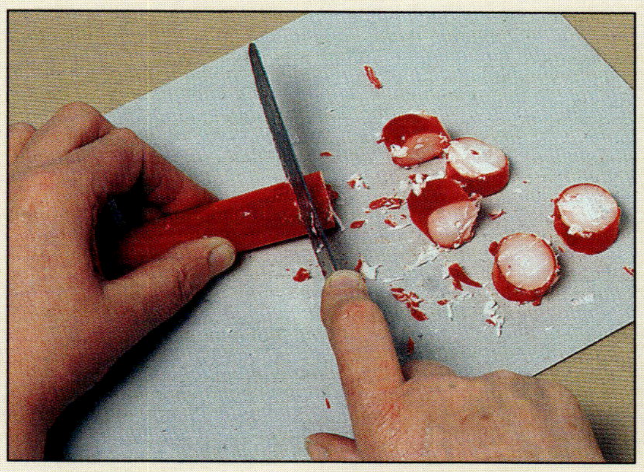

1-*Découpez un cierge en rondelles*

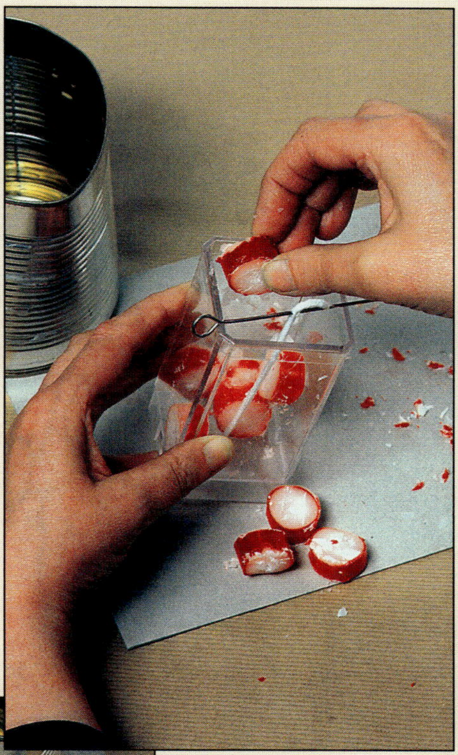

2-*Placez la mèche au fond du moule et les rondelles contre les parois.*

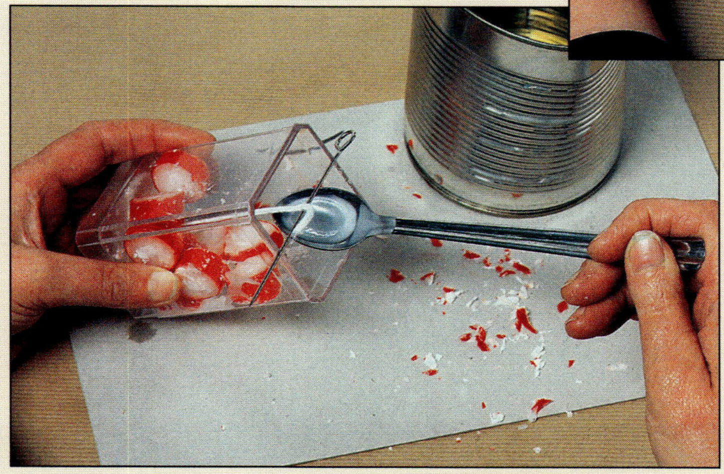

3-*Versez un peu de paraffine blanche tiède et laissez prendre.*

4-*Remplissez le moule de paraffine blanche. Laissez sécher.*

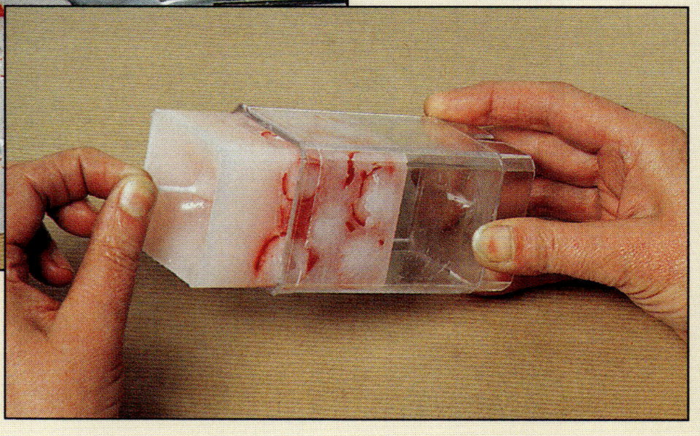

5-*Démoulez en vous aidant de la mèche.*

Les bougies économiques moulées

L'étoile

- un moule en étoile de 6 cm de haut
- de la paraffine blanche
- une bougie verte (ou des restes)
- une mèche paraffinée de 6 cm

Placez la mèche au fond du moule.
Faites fondre séparément la paraffine blanche et la bougie verte.
Verser une couche de paraffine blanche et laissez-la prendre. Versez une couche de cire verte et laissez-la prendre. Répétez ainsi les opérations par étapes. Terminez par une couche de cire verte.

Le cœur et la bougie rose

Pour le cœur

- un moule en forme de cœur de 6 cm de haut
- de la paraffine blanche
- un cierge blanc (extérieur rouge)
- une mèche paraffinée de 6 cm

Pour la bougie

- un moule transparent carré de 8 cm de haut
- de la paraffine blanche
- un cierge blanc (extérieur rouge)
- une mèche paraffinée de 8 cm

Réalisation : *voir **«Avec vos restes de bougies»** en page 31*
Placez la mèche au fond du moule. Découpez le cierge en rondelles et déposez-les dans le moule en plaçant les faces contre le moule. Faites fondre la paraffine blanche et versez-en un peu dans le moule. Laissez prendre, puis versez le reste.

La bougie multicolore

- un moule carré de 8,5 cm de haut
- de la paraffine blanche
- des bougies de différentes couleurs (vert, bleu, rouge, mauve, jaune)
- une mèche paraffinée de 8 cm

Placez la mèche au fond du moule.
Faites fondre la paraffine blanche, versez-la et laissez refroidir. Faites fondre ensuite les bougies de couleurs, séparément. Versez-les par couches successives, en commençant par les couleurs les plus claires et en laissant bien refroidir entre chaque couche.

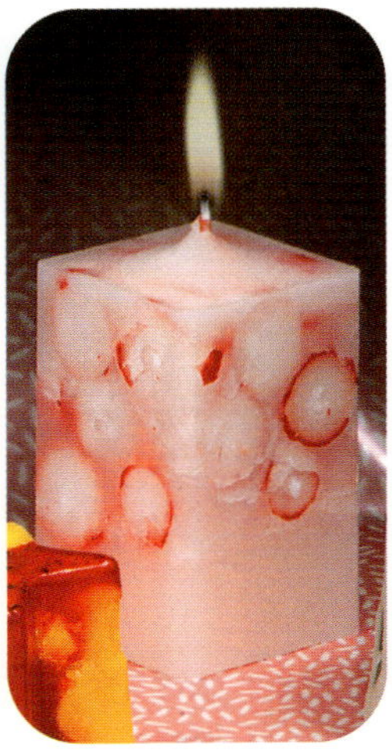

La bougie hexagonale

- un moule hexagonal
  de 7 cm de haut
- de la paraffine blanche
- trois bougies (vert, bleu, mauve)
- une mèche paraffinée de 7 cm

Placez la mèche au fond du moule. Coupez des morceaux irréguliers dans les bougies colorées et placez-les contre les parois du moule. Enfin, versez dessus la paraffine blanche fondue et tiède.

L'étoile rouge et jaune

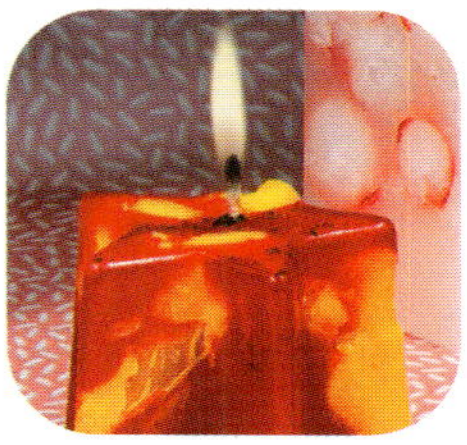

- un moule transparent
  en forme d'étoile de 5,5 cm de haut
- deux bougies (rouge, jaune)
- une mèche paraffinée de 6 cm

Placez la mèche au fond du moule. Faites fondre séparément la bougie rouge et la bougie jaune. Laissez prendre la cire jaune et lorsqu'elle est encore malléable, déchirez des morceaux avec les doigts et placez-les dans le moule. Versez dessus la cire rouge pas trop chaude, les couleurs se mélangeront.

La bougie sculptée

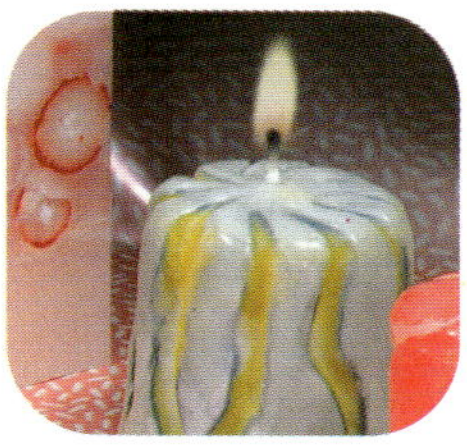

- un moule cylindrique
  de 6 cm de haut
- de la paraffine blanche
- deux bougies (jaune, vert)
- une mèche paraffinée de 7 cm
- un épluche-légumes

Placez la mèche au fond du moule. Faites fondre la bougie jaune et versez dans le moule. Laissez refroidir pendant 5 heures et démoulez. Faites fondre ensuite la bougie verte. Trempez rapidement la bougie jaune obtenue (en la tenant par la mèche) dans la cire verte pas trop chaude. Mettez-la à refroidir dans le compartiment à glaçons du réfrigérateur. Faites fondre la paraffine blanche et trempez de nouveau rapidement la bougie dedans, puis remettez le tout dans le compartiment à glaçons. Terminez en pratiquant, à l'aide de l'épluche-légumes, des entailles verticales tout autour de la bougie, le vert et le jaune apparaîtront alors.

La cloche

- un moule en forme de cloche
  de 7 cm de haut
- de la paraffine blanche
- trois bougies
  (vert clair, vert foncé, jaune)
- une mèche paraffinée de 7 cm

Placez la mèche au fond du moule. Coupez des morceaux irréguliers dans les bougies colorées et placez-les contre les parois du moule. Enfin, versez dessus la paraffine blanche fondue et tiède.

La petite bougie rouge

- un moule cylindrique
  de 6 cm de haut
- de la paraffine blanche
- une bougie rouge
- une mèche paraffinée de 7 cm
- un épluche-légumes

Placez la mèche au fond du moule. Faites fondre la paraffine blanche et versez-la dans le moule. Laissez refroidir pendant 5 heures et démoulez. Faites fondre ensuite la bougie rouge. Trempez rapidement la bougie blanche obtenue (en la tenant par la mèche) dans la cire rouge pas trop chaude. Mettez-la à refroidir dans le compartiment à glaçons du réfrigérateur. Terminez en pratiquant, à l'aide de l'épluche-légumes, des entailles verticales tout autour de la bougie, le blanc apparaîtra alors.

Les bougies avec incrustation de papier découpé

Les petits lapins

- *une grosse bougie cylindrique blanche de 13,5 cm de haut et de Ø 7 cm*
- *une serviette en papier avec motif de petits lapins*
- *une feuille de cire noire (bordure)*
- *un cutter*
- *une paire de ciseaux cranteurs*
- *un pot de vernis-cire*
- *un pinceau*

Découpez le motif de petits lapins dans la serviette en papier. Dédoublez-la afin qu'il ne reste qu'une feuille très fine sur laquelle est imprimée le motif.
Appliquez, au pinceau, un peu de vernis-cire directement sur la bougie et à l'endroit du collage. Positionnez la feuille de papier, puis tapotez par-dessus avec le pinceau légèrement chargé de vernis-cire sur toute la surface. Dans la feuille de cire noire, découpez une bande de 3 mm pour former la bordure. Pour cela, coupez-la au cutter d'un côté et aux ciseaux cranteurs de l'autre. Collez cette bande sur la bougie, en effectuant une légère pression avec les doigts, pour représenter le cadre.

Les fleurs romantiques

- *une grosse bougie cylindrique beige de 13,5 cm de haut et de Ø 7 cm*
- *une serviette en papier avec motif de fleurs*
- *une bande de cire pour décorations à motifs de petits points dorés*
- *un pot de vernis-cire*
- *un pinceau*
- *un cutter*

Découpez chaque fleur dans la serviette en papier. Dédoublez-les afin qu'il ne reste qu'une feuille très fine sur laquelle est imprimée le motif.
Appliquez, au pinceau, un peu de vernis-cire directement sur la bougie et à l'endroit du collage.
Positionnez chaque motif en papier découpé, puis tapotez par-dessus avec le pinceau légèrement chargé de vernis-cire sur toute la surface. Répétez ainsi l'opération pour chaque fleur. Prenez la bande de cire à motifs de petits points et détachez-les au cutter. Appliquez-les, sur la bougie, autour des fleurs.

Couleurs d'automne

- *une grosse bougie cylindrique blanche de 5,5 cm de haut et de Ø 7,5 cm*
- *une serviette en papier avec motif de feuilles*
- *de la cire en bande pour décorations (doré)*
- *un pot de vernis-cire*
- *un pinceau*
- *un cutter*

Découpez chaque feuille dans la serviette en papier. Dédoublez-les afin qu'il ne reste qu'une feuille très fine sur laquelle est imprimée le motif. Appliquez au pinceau un peu de vernis-cire directement sur la bougie et à l'endroit du collage. Positionnez chaque motif en papier découpé, puis tapotez par-dessus avec le pinceau légèrement chargé de vernis-cire sur toute la surface. Répétez ainsi l'opération pour chaque feuille. Prenez la cire en bande dorée. Détachez les filets au cutter en tirant légèrement dessus. Appliquez-les, sur la bougie, sur le contour de chaque feuille.

Les bougies en poudre de cire

Les multicolores

- *deux jolis pots en verre assez épais de 9,5 cm de haut*
- *de la cire en poudre (blanc, bleu, mauve) pour le modèle (a) (blanc, jaune, orange, gris) pour le modèle (b)*
- *deux mèches paraffinées de 8 cm*
- *une aiguille à tricoter*

a *b*

Placez la mèche au fond de chaque pot.
Versez ensuite, successivement, des couches plus ou moins épaisses de poudre de cire de différentes couleurs.
Glissez l'aiguille à tricoter, le long des parois, pour former des motifs.

Les bougies décorées à la feuille de cire

Le dé

- *un moule transparent carré de 6,5 cm de côté*
- *de la paraffine blanche*
- *de la cire noire en feuille*
- *une mèche paraffinée de 7 cm*
- *un emporte-pièces*

Placez la mèche au fond du moule. Faites fondre la paraffine blanche et versez-la dans le moule. Laissez refroidir et démoulez.
À l'aide de l'emporte-pièces, découpez 21 ronds de Ø 2 cm, dans la feuille de cire noire. Collez-les sur les faces de la bougie.

La spirale

- *une bougie rouge de 12,5 cm de haut et de Ø 5 cm*
- *un reste de bougie verte*
- *une bande de cire pour décorations de 3 mm de large, dorée*
- *un épluche-légumes*

Faites fondre la bougie verte, puis plongez dedans la bougie rouge jusqu'au 2/3 de sa hauteur. Laissez refroidir et recommencez l'opération. Après complet refroidissement, entaillez la bougie en spirale, sur toute sa hauteur, à l'aide de l'épluche-légumes. Appliquez alors la cire dorée en bande, dans l'entaille pratiquée.

L'étoile

- *un moule transparent en forme d'étoile de 6 cm de haut*
- *de la cire rouge, jaune, en feuille*
- *des bandes de cire pour décorations (argent, doré)*
- *une mèche paraffinée de 7 cm*

Placez la mèche au fond du moule. Faites fondre la cire jaune et versez-en une couche mince dans le moule (environ 0,6 cm).
Laissez refroidir. Faites fondre ensuite la cire rouge et remplissez le moule. Laissez refroidir environ 5 heures et démoulez.
Appliquez une bande de cire argent tout autour de la base de la cire jaune. Appliquez ensuite, verticalement, des bandes de cire dorée, espacées d'environ 1 cm, sur la partie rouge.

Le cœur

- *un moule transparent en forme de cœur de 6 cm*
- *de la cire rouge*
- *de la cire blanche en feuille*
- *une mèche paraffinée de 7 cm*
- *du papier calque*
- *un crayon*
- *un cutter*

Placez la mèche au fond du moule. Faites fondre la cire rouge, versez-la dans le moule. Laissez refroidir et démoulez.
Sur le papier calque et à l'aide du crayon, tracez les petits cœurs. Posez le papier calque sur la feuille de cire blanche et découpez le contour de la forme des cœurs au cutter. Terminez en les collant sur la bougie.

La boule de Noël dorée

- *une bougie blanche et ronde de Ø 6,5 cm*
- *de la cire dorée en feuille*
- *des bandes de cire pour décorations, argent, de 1 mm de large*
- *un cutter*

Dans la feuille de cire dorée, découpez au cutter quatre bandes de 10 cm de long et de 0,3 cm de large. Appliquez-les verticalement sur la bougie de manière à former quatre fuseaux.
Découpez ensuite une bande de cire dorée de 20 cm et de 0,3 cm de large et appliquez-la horizontalement tout autour de la bougie. Continuez en découpant quatre triangles de 3 cm de côté dans la feuille de cire dorée. Posez-les de manière diamétralement opposée et en les décalant. Appliquez une bande de cire argent tout autour de chaque triangle. Dans les parties restantes, formez des quadrillages, avec des bandes de cire argent.

Premiers frimas

- *une bougie bordeaux de 12 cm et de Ø 5 cm*
- *de la cire blanche en feuille*
- *des bandes de cire pour décorations, dorée (en 3 mm et en 1 mm de large)*
- *un cutter*

Avec le cutter, découpez dans la feuille de cire blanche des triangles de 1 cm de base et de longueurs différentes (3, 4, 4,5 et 5 cm).
Appliquez-les autour de la bougie, aux deux extrémités. Collez des bandes de cire dorée de 1 mm autour des triangles et des bandes de 3 mm, en haut et en bas.

Le paquet-cadeau

- *une bougie blanche carrée de 6 cm de côté*
- *de la cire rouge en feuille*
- *de la cire marron en feuille (étiquette)*
- *des bandes de cire pour décorations, dorée, de 1 mm de large*
- *60 cm de cordon de cire blanche de Ø 3 mm*
- *un feutre blanc pour tous supports et un cutter*

Dans la cire rouge en feuille, découpez deux bandes de 20 × 2 cm. Appliquez-les, comme un ruban, sur la bougie. De chaque côté du ruban rouge, posez de la bande de cire dorée. Collez le cordon de cire blanche au milieu du ruban rouge et faites le tour de la bougie. Nouez-le sur le dessus et frisez les bouts en les enroulant sur un stylo. Dans la feuille de cire marron, découpez l'étiquette. Inscrivez le message de votre choix au feutre blanc et bordez d'un filet doré. Faites un petit trou dans un coin de l'étiquette. Passez un morceau de bande de cire dorée et appliquez sur la bougie.

La boule marbrée

- *une bougie rouge et ronde de Ø 6,5 cm*
- *de la paraffine blanche*
- *de la cire noire en feuille*
- *des bandes de cire pour décorations, dorée, de 1 mm de large*
- *un cutter*

Avec le cutter, enlevez des morceaux (tranches fines) de cire rouge sur la surface de la bougie. Faites fondre la paraffine blanche, puis trempez rapidement la bougie en la tenant par la mèche. La cire rouge fondra un peu et donnera l'effet marbré. Dans la feuille de cire noire, coupez au cutter trois bandes d'environ 30 cm de long et de 0,3 cm de large. Appliquez-les en serpentin et collez de la cire en bande dorée sur un côté de chaque bande noire.

2001

Les bougies décorées à la feuille de cire

Échelle 1/2

Les champignons

- *une bougie cylindrique verte de 8 cm et de Ø 5 cm*
- *de la cire en feuilles (blanc, rose, bordeaux, vert très foncé, vert foncé)*
- *une bande de cire pour décorations (doré) de 1 mm de large*
- *une feuille de papier calque*
- *un crayon et un cutter*

Sur le papier calque et à l'aide du crayon, reportez le motif *(voir schéma)*. Déposez le papier calque sur les feuilles de cire de couleurs et découpez au cutter les différentes formes. Collez-les sur la bougie. Posez une bande de cire dorée, autour des champignons.
Découpez de très fins morceaux dans la feuille de cire verte et appliquez-les pour représenter les brins d'herbe. Terminez en marquant au cutter, les lamelles du gros champignon.

Les poissons

Échelle 1/2

Dessin à reproduire une fois dans ce sens et une fois dans l'autre sens.

- *une bougie cylindrique bleue de 11 cm et de Ø 5,5 cm*
- *de la cire en feuilles (blanc, turquoise, noir)*
- *une feuille de papier calque*
- *un feutre blanc pour tous supports*
- *un crayon et un cutter*

Sur le papier calque et à l'aide du crayon, reportez le motif *(voir schéma)*. Déposez le papier calque sur les feuilles de cire de couleurs et découpez deux poissons, à l'aide du cutter, en les inversant. Collez-les sur la bougie ainsi que leurs motifs turquoise. Dessinez les algues au feutre blanc.
Confectionnez les yeux en formant deux petites boules de cire noire et deux petites boules de cire blanche. Collez-les en place en les aplatissant un peu.

Art déco

- *un moule transparent carré de 8 cm de côté*
- *de la paraffine blanche*
- *une bougie turquoise*
- *des bandes de cire pour décorations (doré)*
- *une mèche paraffinée de 10 cm*

Placez la mèche au fond du moule. Faites fondre séparément la bougie turquoise et la paraffine blanche. Laissez prendre la cire blanche. Lorsqu'elle est encore malléable, déchirez des morceaux avec les doigts et placez-les contre les parois du moule. Versez la cire turquoise pas trop chaude.
Laissez refroidir. Démoulez et collez des bandes de cire dorée autour des motifs blancs.

Fleur de nacre

- *un moule transparent en forme de cloche de 7 cm de haut*
- *deux bougies de couleurs (bleu foncé, vert foncé)*
- *de la paraffine jaune*
- *de la paraffine blanche*
- *une bande de cire pour décorations (doré)*
- *une mèche paraffinée de 8 cm*
- *un cutter*

Placez la mèche au fond du moule. À l'aide du cutter, découpez des lamelles dans les bougies de couleurs et placez-les contre les parois du moule en les alternant. Faites fondre la paraffine jaune et versez-la. Laissez refroidir et démoulez. Faites fondre ensuite la paraffine blanche et plongez rapidement la bougie jusqu'aux 2/3 de sa hauteur. Faites prendre quelques instants dans le compartiment à glaçons du réfrigérateur. Répétez trois fois cette opération et laissez refroidir. Au cutter, découpez le haut de la partie blanche en formant des vagues. Vous obtenez ainsi une frise autour de la bougie. Terminez en appliquant la bande de cire dorée en suivant le bord de la frise.

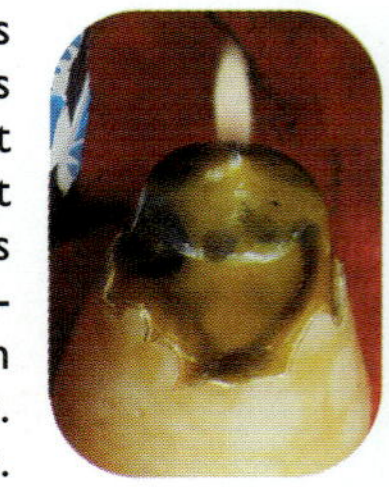

Échelle 1

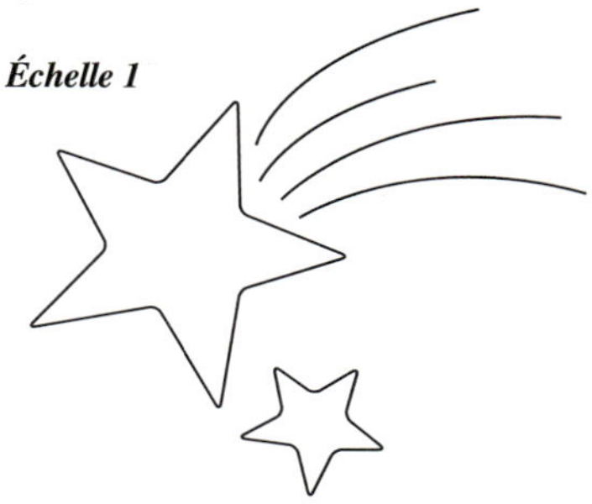

Étoile filante

- *une bougie flottante bleue de Ø 5 cm*
- *de la cire dorée en feuille*
- *des bandes de cire pour décorations (argent, doré)*
- *une feuille de papier calque*
- *un crayon*
- *un cutter*

Collez une bande de cire dorée tout autour de la bougie. Sur le papier calque et à l'aide du crayon, reportez le motif *(voir schéma)*. Déposez le papier calque sur la feuille de cire dorée et découpez au cutter la forme du dessin en suivant son contour. Collez les deux étoiles sur la bougie et posez une bande de cire argent, autour de chacune. Ajoutez des bandes de cire dorées et argentées pour représenter la queue.

Nuit étoilée

Échelle 1

- *une bougie flottante bleue de Ø 5 cm*
- *de la cire en feuille (doré, orange, jaune)*
- *des bandes de cire pour décorations (argent, doré)*
- *une feuille de papier calque*
- *un crayon*
- *un cutter*

Collez une bande de cire argent tout autour de la bougie. Sur le papier calque et à l'aide du crayon, reportez le motif *(voir schéma)*. Déposez le papier calque sur les feuilles de cire de couleurs et découpez au cutter la forme du dessin en suivant son contour. Collez les étoiles et le croissant de lune sur la bougie, puis posez une bande de cire argent, autour de chacune.

Décor de houx

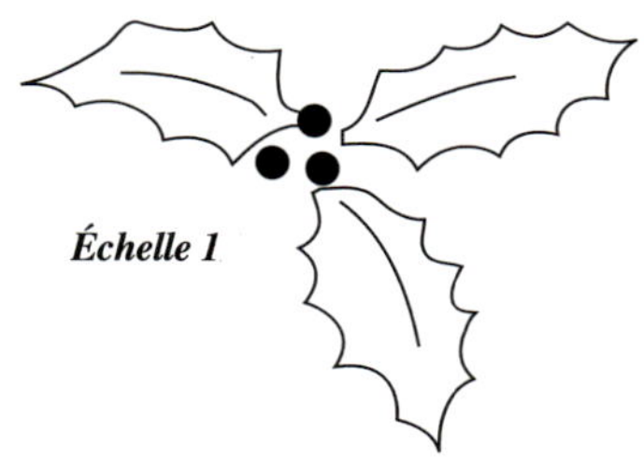

Échelle 1

- *une bougie flottante bleue de Ø 5 cm*
- *de la cire en feuille (rouge, vert)*
- *des bandes de cire pour décorations (argent)*
- *un feutre blanc pour tous supports*
- *une feuille de papier calque*
- *un crayon*
- *un cutter*

Collez une bande de cire argent tout autour de la bougie. Sur le papier calque et à l'aide du crayon, reportez le motif *(voir schéma)*. Déposez le papier calque sur les feuilles de cire de couleurs et découpez au cutter la forme du dessin en suivant son contour. Collez les feuilles, puis les boules de houx modelées dans la cire rouge. Dessinez les flocons de neige au feutre blanc.

La cloche camaïeu

- *un moule transparent en forme de cloche de 7 cm de haut*
- *de la paraffine blanche*
- *des restes de bougie bleu foncé*
- *des bandes de cire pour décorations (argent)*
- *une mèche paraffinée de 8 cm*
- *un épluche-légumes*

Placez la mèche au fond du moule. Faites fondre les restes de bougie bleu foncé et versez dans le moule. Laissez refroidir pendant 5 heures et démoulez.

Faites fondre la paraffine blanche et trempez la bougie dedans, puis faites refroidir dans le compartiment à glaçons du réfrigérateur.

Pratiquez, à l'aide de l'épluche-légumes, des entailles tout autour de la bougie, de manière à former des serpentins. Terminez en posant des bandes de cire argent dans les entailles.

Les bougies drapées

La bougie à la rose

Fig. 1

Feuille.
Coupez 3 fois.

Fig. 2

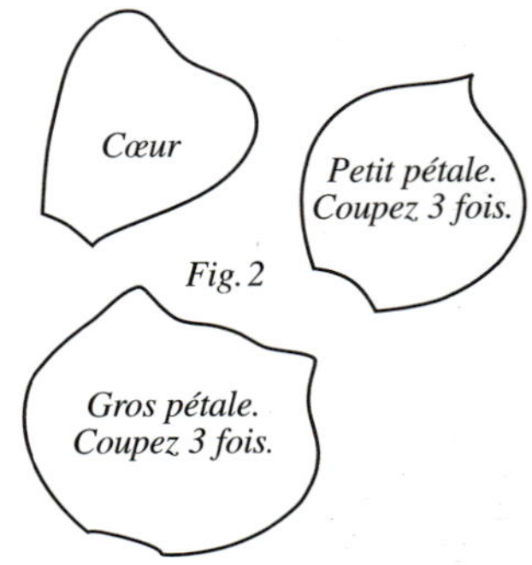

Échelle 1

- *une bougie cylindrique beige de 9 cm et de Ø 5,5 cm*
- *de la cire en feuilles (blanc, orange, doré)*
- *une bande de cire pour décorations (motif de dentelle dorée)*
- *un cutter*

Dans la feuille de cire blanche, découpez un rectangle de 6 × 10 cm.
Placez un coin de ce rectangle dans le haut de la bougie et formez les plis.
Collez la cire en bande, à motif de dentelle dorée, autour du drapé.
Dans la feuille de cire dorée, découpez trois feuilles.
Marquez les nervures au cutter *(Fig. 1)*.
Formez la rose en découpant, dans la feuille de cire orange, le cœur et les pétales *(Fig. 2)*.
Commencez par rouler le cœur en l'écartant un peu vers le haut. Placez ensuite les trois petits pétales, la pointe en bas, puis les plus gros, en pinçant les deux pointes. Coupez le dessous de la rose au cutter pour mieux l'appliquer sur la bougie. Posez la rose sur le dessus de la bougie pour cacher les plis du drapé. Placez les feuilles dorées autour.

Corolle

- *une bougie cylindrique blanche de 7,5 cm et de Ø 6 cm*
- *du papier d'aluminium*
- *de la paraffine teintée (vert)*
- *des bandes de cire pour décorations (doré, motif feuilles de houx)*
- *une paire de ciseaux cranteurs*
- *un moule à tarte de Ø 20 cm*
- *de l'huile de cuisine*

Posez le papier d'aluminium au fond du moule à tarte et huilez-le un peu. Faites fondre la paraffine verte et versez-la sur le papier d'aluminium sur une épaisseur de 0,5 cm. Laissez prendre environ 20 minutes et démoulez. Recoupez le rond obtenu à l'aide des ciseaux cranteurs afin qu'il ne mesure plus que 18 cm de diamètre. Posez la bougie au centre du rond et rabattez les bords contre les parois de la bougie en formant rapidement le drapé.
Si toutefois la cire durcit trop vite, chauffez-la un peu au sèche-cheveux pour la ramollir et continuez le travail. Laissez bien refroidir. Posez de la bande de cire dorée en frise sur le rond et de la bande de cire à motifs de feuilles de houx sur le tour de la partie supérieure de la bougie.

Aumônière

- *1 bougie ronde et blanche de Ø 5,5 cm*
- *du papier d'aluminium*
- *des bandes de cire pour décorations (doré et motifs de fleurs)*
- *une paire de ciseaux cranteurs*
- *un moule à tarte de Ø 34 cm*
- *de l'huile de cuisine*
- *une aiguille à tricoter*

Posez le papier d'aluminium au fond du moule à tarte et huilez-le un peu. Faites fondre la paraffine blanche et versez-la sur le papier d'aluminium sur une épaisseur de 0,5 cm. Laissez prendre environ 20 minutes et démoulez. Recoupez le rond obtenu à l'aide des ciseaux cranteurs afin qu'il ne mesure plus que 18 cm de diamètre. Posez la bougie ronde au centre du rond et rabattez les bords contre les parois de la bougie en formant le drapé. Égalisez aux ciseaux cranteurs et laissez bien refroidir. Posez de la cire en bande dorée, en frise sur le bord. Détachez les fleurs de la bande à motifs et posez-les sur la bougie.

Rococo

- *de la paraffine teintée (orange)*
- *du papier d'aluminium*
- *de la cire en feuilles (doré, noir)*
- *une mèche paraffinée de 9 cm*
- *un plateau assez grand à bords relevés*
- *de l'huile de cuisine*
- *un cutter*
- *une aiguille à tricoter*

Posez le papier d'aluminium au fond du plateau et huilez-le un peu. Faites fondre la paraffine orange et versez-la sur le papier d'aluminium sur une épaisseur de 0,5 cm. Laissez prendre environ 20 minutes. Découpez un carré de 30 × 30 cm et pliez-le rapidement en accordéon. Rejoignez ensuite les deux extrémités vers le haut. Chauffez l'aiguille à tricoter, pratiquez un trou au centre de la bougie et insérez la mèche.
Dans la feuille de cire dorée, coupez une bande de 4 mm et appliquez-la sur la partie supérieure de la bougie. Dans la feuille de cire noire, découpez une bande de 2 mm et appliquez-la au-dessous.

La bougie au nœud papillon

- *un moule transparent carré de 6 cm de côté*
- *une bougie blanche*
- *de la paraffine (verte, blanche)*
- *une bande de cire pour décorations (doré)*
- *une mèche paraffinée de 7 cm*
- *un cutter*

Placez la mèche au fond du moule. À l'aide du cutter, découpez des morceaux dans la bougie blanche et placez-les contre les parois du moule. Faites fondre la paraffine verte et versez-la.
Laissez refroidir et démoulez. Faites fondre ensuite la paraffine blanche et plongez rapidement la bougie jusqu'aux 2/3 de sa hauteur. Faites prendre quelques instants dans le compartiment à glaçons du réfrigérateur. Répétez trois fois cette opération.
Découpez immédiatement au cutter, sur une des arêtes de la bougie verte, la couverture blanche ainsi obtenue jusqu'à 0,5 cm du bas. Écartez, décollez, retournez de chaque côté pour former une sorte de col et laissez bien refroidir. Appliquez une bande de cire dorée tout autour de la partie supérieure blanche. Confectionnez un petit nœud doré et posez-le à la base du col.

Les figurines

Sur un papier calque et à l'aide d'un crayon, reportez les motifs de chaque figurine (Voir schémas). Posez le papier calque directement sur les feuilles de cire, aux couleurs correspondantes, et découpez au cutter la forme de chaque dessin en suivant son contour.

La coccinelle

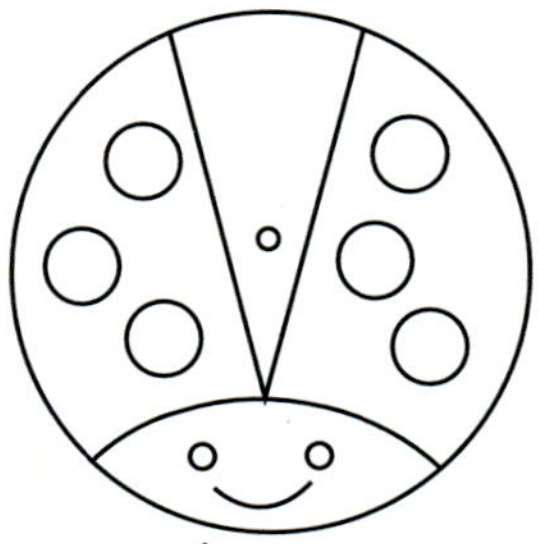

Échelle 1/2

- un moule pour bougie ronde de Ø 6,5 cm
- de la paraffine teintée (rouge)
- de la cire en feuilles (noir)
- une bande de cire pour décorations (argent)
- une mèche paraffinée de 6 cm
- un feutre blanc pour tous supports
- un cutter

Placez la mèche au fond du moule. Faites fondre la paraffine rouge et versez-la jusqu'à la moitié du moule. Laissez refroidir pendant environ 5 heures et démoulez.
Dans la feuille de cire noire, découpez un demi-cercle (de Ø 4,5 cm) pour former la tête. Collez-le sur la bougie. Découpez ensuite un triangle isocèle de 2 cm de base et de 7 cm de côté. Posez ce triangle en positionnant la pointe au milieu de la tête. Pratiquez une petite entaille pour laisser passer la mèche.
Appliquez de la cire en bande argent autour du triangle et de la tête. Découpez ensuite six petits ronds de Ø 1 cm dans la feuille de cire noire et posez-les sur la bougie (trois de chaque côté). Dessinez la bouche et les yeux au feutre blanc.

L'escargot

- un moule pour bougie ronde de Ø 5 cm
- de la paraffine blanche
- de la cire en feuilles ou à modeler (marron, doré, noir)
- une bande de cire pour décorations (argent)
- une mèche paraffinée de 5 cm
- deux épingles à tête de 4 cm (antennes)
- une aiguille à tricoter
- un cutter

Placez la mèche au fond du moule. Faites fondre la paraffine blanche et versez-la jusqu'à la moitié du moule. Laissez refroidir pendant environ 5 heures et démoulez. Dans le reste de la paraffine blanche encore malléable, modelez le corps, la tête et la queue de l'escargot.
Recouvrez cette forme avec de la cire en feuille dorée.
Recouvrez ensuite la demi-boule avec de la cire en feuille marron. Chauffez l'aiguille à tricoter, pratiquez un trou sur le dessus de l'escargot et insérez la mèche.
Posez, en spirale, la bande de cire argent pour former la coquille. Modelez deux petites boules de cire noire pour faire les yeux et posez-les en place. Terminez en enfonçant les deux épingles pour représenter les antennes.

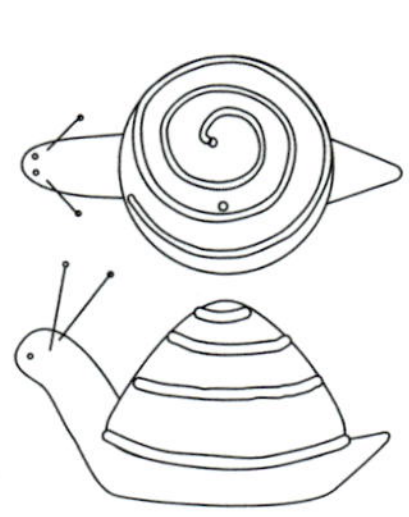

Échelle 1/4

Le bonhomme de neige

- deux bougies rondes et blanches (Ø 8 cm et Ø 4 cm)
- de la paraffine blanche
- de la cire en feuilles (orange, noir, doré, rouge)
- une mèche paraffinée de 6 cm
- une aiguille à tricoter
- une paire de ciseaux

Avec la paraffine blanche, faites une chantilly *(voir explications page 29)* et trempez les deux bougies dedans. Placez la petite bougie sur la plus grosse en appuyant un peu. Chauffez l'aiguille à tricoter, pratiquez un trou sur le dessus et insérez la mèche (elle doit être plus longue pour passer ensuite à travers le chapeau). Formez l'écharpe en découpant, dans la feuille de cire rouge, une bande de 25 × 1,5 cm. Nouez-la autour du cou et coupez les franges avec la paire de ciseaux. Faites également la bouche en cire rouge et collez-la.
Dans la feuille de cire noire, découpez la forme du chapeau. Posez-le sur la tête du bonhomme et faites une entaille pour laisser passer la mèche. Modelez deux boules pour les yeux et collez-les en les aplatissant, puis deux autres, un peu plus grosses, pour représenter les boutons. Collez-les.
Découpez une bande de cire noire de 2 cm et roulez-la pour faire le manche à balai. Le faisceau de brindilles est fait dans la feuille de cire dorée en coupant une bande de 4 cm de large.
Coupez les franges avec la paire de ciseaux et enroulez cette bande autour du manche. Collez le balai en place.
Découpez la moufle dans la cire rouge et collez-la sur le manche du balai. Terminez en modelant le nez dans de la cire orange.

Échelle 1

Le hibou

- une bougie cylindrique beige de 5,5 cm et de Ø 3,5 cm
- de la cire en feuilles ou à modeler (orange, vert foncé, doré, blanc, marron, noir)
- une feuille de papier calque
- un crayon et un cutter

Découpez les différents éléments dans les feuilles de cire aux couleurs correspondantes. Dans la feuille de cire marron, modelez le corps du hibou et la branche (sur 3 mm d'épaisseur). Collez les différents éléments sur la bougie.

La tortue

- un moule pour bougie ronde de Ø 5 cm
- de la paraffine blanche
- de la cire en feuilles ou à modeler (vert foncé, vert clair noir, blanc, jaune, rose)
- des bandes de cire pour décorations (argent, doré)
- une mèche paraffinée de 5 cm
- une aiguille à tricoter
- un cutter

Échelle 1/2

Placez la mèche au fond du moule. Faites fondre la paraffine blanche et versez-la jusqu'à la moitié du moule. Laissez refroidir pendant environ 5 heures et démoulez. Dans le reste de la paraffine blanche encore malléable, modelez la tête, les pattes et la queue de la tortue. Collez-les en place. Recouvrez ensuite cette forme avec de la cire en feuille vert foncé. Dans la feuille de cire vert clair, formez la carapace en découpant un cercle dentelé.
Posez le sur le dos de la tortue. Mettez la bande de cire dorée sur le contour, puis une bande de cire noire (2 mm) coupée dans la feuille de cire.
Dans la feuille de cire jaune, découpez sept petits carrés de 1 cm de côtés.
Placez-les en les espaçant un peu. Posez la bande de cire argentée autour des petits carrés.
Chauffez l'aiguille à tricoter, pratiquez un trou sur le dessus de la tortue et insérez la mèche.
Faites les yeux avec deux petites boules de cire blanche, le nez avec un petit triangle de cire noire et la bouche avec un petit morceau de cire rose.

Les petites douceurs

Les parts de gâteaux au chocolat

- *un moule à gâteau rond de Ø 25 cm*
- *de la paraffine blanche*
- *de la paraffine teintée (marron clair, marron foncé)*
- *des mèches paraffinées de 5 cm*
- *une aiguille à tricoter*
- *de l'huile de cuisine*

Huilez le moule à gâteau et versez une couche de cire marron foncé.
Laissez prendre une demi-heure et versez une couche de cire blanche. Laissez à nouveau prendre une demi-heure et versez une couche de cire marron clair.
Laissez prendre un peu, puis démoulez et coupez en six parts égales.
Chauffez l'aiguille à tricoter, plantez-la dans les parts ainsi obtenues et insérez les mèches.
Sur certaines parts de gâteau, ajoutez une chantilly *(voir explications page 29)* et des copeaux de chocolat faits dans un morceau de cire marron râpé à l'aide de l'épluche-légumes. Déposez-les simplement sur la chantilly.

Les délices au chocolat et à la vanille

- *une bougie ronde de 5 cm de haut et de Ø 4 cm*
- *de la paraffine teintée (marron)*
- *une mèche paraffinée de 6 cm*
- *un cutter*

Taillez au cutter la partie supérieure de la bougie pour lui donner sa forme bombée. Faites fondre la paraffine marron et trempez rapidement la bougie dedans. Faites prendre dans le compartiment à glaçons du réfrigérateur et renouvelez cette opération plusieurs fois.
L'autre modèle, à la vanille, a été réalisé en suivant le même procédé mais en utilisant de la paraffine blanche.

Les petits fours

Vous pouvez varier les modèles à l'infini. Pour les confectionner, utilisez des restes de bougie ou des restes de cire teintée.
Versez directement de la cire tiède dans des plateaux de présentation d'une boîte de chocolat, ou bien versez de la cire dans un moule huilé et découpez ensuite des petits carrés.
Insérez les mèches à l'aide d'une aiguille à tricoter chauffée. Vous pouvez également les enrober de cire tiède marron ou blanche, ou les agrémenter d'une chantilly *(voir explications en page 29)*.
Décorez-les avec de la cire en poudre ou des grains de café modelés dans de la cire en feuilles.

La meringue

- *une bougie ronde de Ø 6 cm*
- *de la paraffine blanche*

Avec la paraffine blanche, confectionnez une chantilly *(voir explications page 29)*.
Trempez la bougie ronde dedans en la tenant par la mèche. Vous pouvez ajouter de la chantilly à l'aide d'une petite cuillère.

L'œuf à la neige

- *un ramequin*
- *de la paraffine blanche*
- *de la paraffine teintée (jaune)*
- *une mèche paraffinée de 6 cm*

Faites fondre la paraffine jaune, versez-la dans le ramequin jusqu'à environ 0,5 cm du bord et laissez refroidir.
Avec la paraffine blanche, confectionnez une chantilly (voir explications page 29). Déposez-la sur la cire jaune et laissez refroidir.
Chauffez l'aiguille à tricoter, pratiquez un trou sur le dessus et insérez la mèche.

TABLE des matières